NEW

하나짱의

신나는

일본어 ②

워크북

기획편집부 지음

JPLUS

Language Publishing Co.

① 다음 그림을 보고 대화문을 완성하세요.

	○		
			○
		○	

どこに 行きますか?

1. 私は 〔　　　　〕に 行きます。

2. 私は 〔　　　　〕に 行きます。

3. 私は 〔　　　　〕に 行きます。

❷ 맞는 것끼리 연결하고, 한자를 쓰세요.

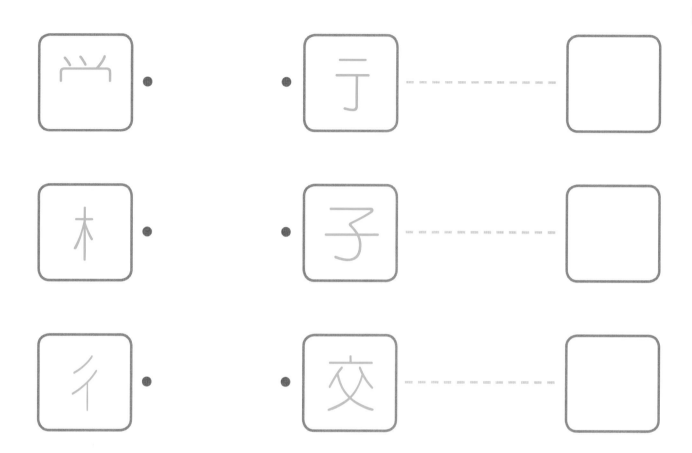

❸ 빈칸을 채우고 소리내어 읽어 보세요.

1. 私 □ がっこう □ 行^いきます。

   나는 학교에 갑니다.

2. どこ □ 行^いきます □ 。

   어디에 갑니까?

   힌트
   は を に か

3. びょういん □ 行^いきます。

   병원에 갑니다.

4 다음 퍼즐을 완성하세요.

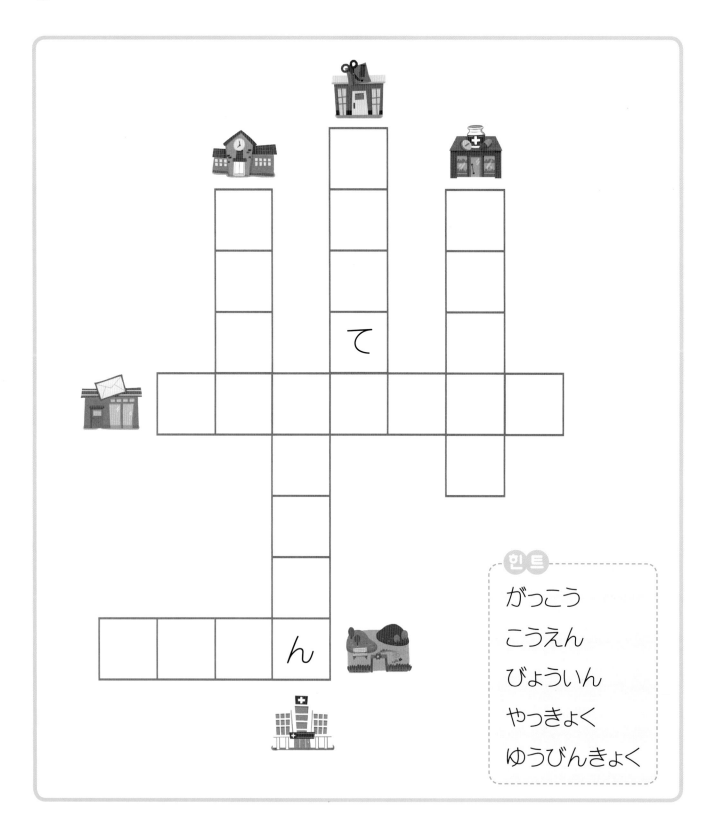

⑤ 다음 사다리를 따라가서, 문장을 완성하세요.

スーパー

ゆうびんきょく

レストラン

がっこう
学校

1. はなは ＿＿＿＿＿＿＿＿に 行_いきます。

1. はなは ＿＿＿＿＿＿＿＿に 行きます。

2. たけしは ＿＿＿＿＿＿＿＿＿＿。

3. りかは ＿＿＿＿＿＿＿＿＿＿＿。

4. せんせいは ＿＿＿＿＿＿＿＿＿＿。
※せんせい: 선생님

なんがつ なんにち
何月 何日?

❶ 다음 문장을 읽고, 해당하는 날짜에 지시한 대로 표시하세요.

がつ
1月

일	월	화	수	목	금	토
						1
2	3	4	5	6	7	8
9	10	11	12	13	14	15
16	17	18	19	20	21	22
23	24	25	26	27	28	29
30	31					

きょうは いち月 じゅういち日です。　→　♡

きょうは いち月 はつかです。　→　☆

きょうは いち月 むいかです。　→　◇

きょうは いち月 ようかです。　→　△

❷ 어떤 한자가 나타날까요?

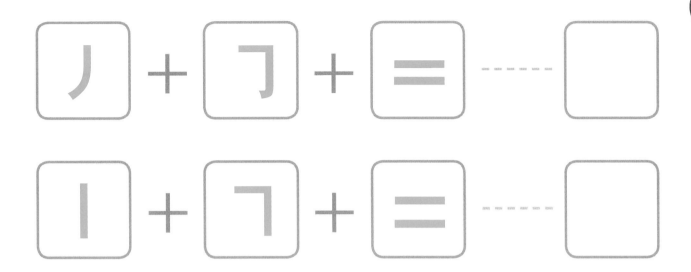

❸ 다음 공휴일은 몇 월 며칠입니까? 히라가나로 쓰세요.

1. 크리스마스 → _____。

2. 광복절 → _____。

3. 어버이날 → _____。

4. 어린이날 → _____。

5. 3·1절 → _____。

❹ 바르게 읽은 것을 고르세요.

1 10월
   a じゅうがつ
   b じゅっがつ

2 9월
   a きゅうがつ
   b くがつ

3 7월
   a しちがつ
   b いちがつ

4 4월
   a よんがつ
   b しがつ

❺ 알맞은 것끼리 연결하세요.

1 じどうしゃ   •

2 ふね   •

3 じてんしゃ   •

4 バス   •

5 ちかてつ   •

❻ 다음 대화를 읽고 오늘이 몇 월 며칠 무슨 요일인지 달력에 표시하세요.

A きょうは なん月 なん日ですか。

B しち月 はつかです。

A きょうは 何よう日ですか。

B かよう日です。

7월

일	월	화	수	목	금	토
				1	2	3
4	5	6	7	8	9	10
11	12	13	14	15	16	17
18	19	20	21	22	23	24
25	26	27	28	29	30	31

A きょうは なん月 なん日ですか。

B し月 むいかです。

A きょうは 何よう日ですか。

B げつよう日です。

4월

일	월	화	수	목	금	토
			1	2	3	4
5	6	7	8	9	10	11
12	13	14	15	16	17	18
19	20	21	22	23	24	25
26	27	28	29	30		

A きょうは なん月 なん日ですか。

B じゅう月 とおかです。

A きょうは 何よう日ですか。

B すいよう日です。

10월

일	월	화	수	목	금	토
	1	2	3	4	5	6
7	8	9	10	11	12	13
14	15	16	17	18	19	20
21	22	23	24	25	26	27
28	29	30	31			

Unit 3 なん じ 何時?

① 시간을 보고 물음에 답하세요. (답은 히라가나로 쓰세요.)

いま 何時ですか。

1

_____です。

2

_____です。

3

_____です。

4

_____です。

❷ 시계에 시각을 표시하세요.

1

じゅう時です。

2

しち時 さんじゅっ分です。

3

よ時 ご分です。

4

に時 よんじゅうご分です。

❸ 다음 한자를 색칠합시다.

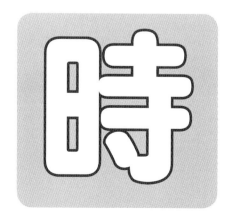

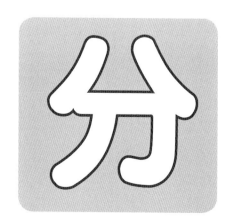

❹ 알맞은 것에 체크하세요.

<ruby>何分<rt>なんぷん</rt></ruby>ですか。

1　10分
　　a　じゅうふん
　　b　じゅっぷん

2　14分
　　a　じゅうしぷん
　　b　じゅうよんふん

3　1分
　　a　いちぷん
　　b　いっぷん

4　18分
　　a　じゅうはっぷん
　　b　じゅっはっぷん

5　40分
　　a　よんじゅっぷん
　　b　しじゅっぷん

5 빈칸을 채우고, 순서대로 큰 소리로 읽어 보세요.

시(時)

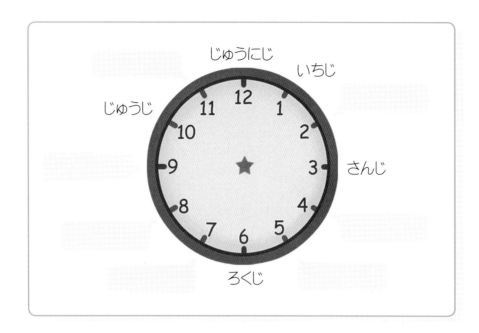

6 그림을 보고 몇 시인지 질문에 알맞은 답을 히라가나로 쓰세요.

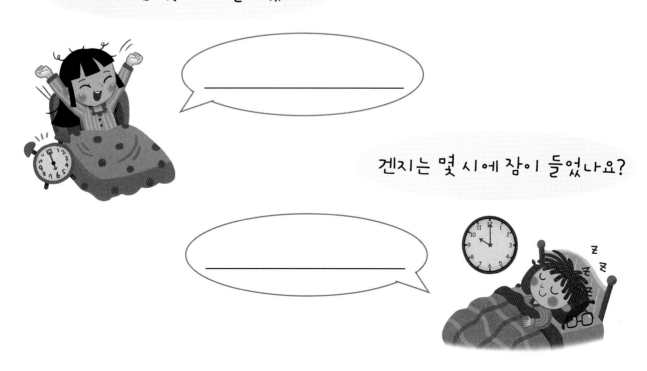

리카는 아침 몇 시에 일어났나요?

_____

겐지는 몇 시에 잠이 들었나요?

_____

❶ 다음 그림을 보고, 알맞은 단어를 써 넣어 대화문을 완성하세요.

コック　　　いしゃ　　　けいさつかん

1
Ⓐ 仕事は 何ですか。
しごと　なん

Ⓑ 私の 仕事は _____です。
わたし　しごと

2
Ⓐ かれの 仕事は 何ですか。
しごと　なん

Ⓑ かれの 仕事は _____です。
しごと

3
Ⓐ あなたは 何に なりたいですか。
なに

Ⓑ 私は _____に なりたいです。
わたし

❷ 다음 그림과 관련된 직업은 무엇일까요? 일본어로 쓰고 말해 보세요.

コック　　けいさつかん　　いしゃ　　がか

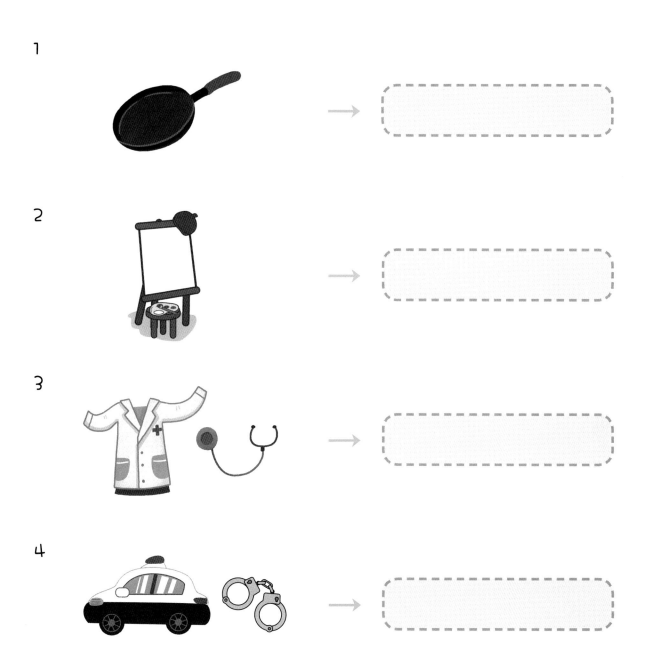

1

→

2

→

3

→

4

→

❸ 다음 한자를 잘 보세요. 틀린 부분이 있습니다. 바르게 고쳐 쓰세요.

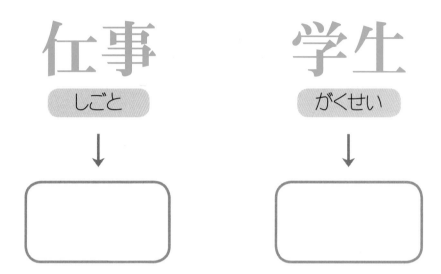

仕事
しごと

↓

学生
がくせい

↓

❹ 어떤 직업에 관한 설명일까요? 해당하는 직업과 그림을 연결하세요.

 아픈 사람을 고쳐요. ● ● せんせい ●

 그림을 그려요. ● ● かんごし ●

 학교에서 아이들을 가르쳐요. ● ● がか ●

 환자를 돌봐줘요. ● ● いしゃ ●

⑤ 그림을 보고 문장을 완성하세요.

あなたは 何_{なに}に
なりたいですか。

1

私_{わたし}は _____ に なりたいです。

2

私_{わたし}は _____ に なりたいです。

3

私_{わたし}は _____ に なりたいです。

1 그림을 보고 답하세요.

(1) 하나는 무엇을 삽니까? 맞는 그림에 모두 체크하세요.

えんぴつと けしゴムを
<ruby>下<rt>くだ</rt></ruby>さい。

a   300円   b   200円   c   100円   d   100円

(2) 하나가 산 물건은 모두 얼마입니까?

[   ] <ruby>円<rt>えん</rt></ruby>

❷ 다음과 같은 상황에 어울리는 그림을 고르세요.

1 손님이 들어왔을 때 --------------

2 가격을 물어볼 때 --------------

3 물건을 달라고 할 때 --------------

4 가격을 말할 때 --------------

a

b

c

d

❸ 알맞은 글자를 쓰세요.

① 얼마예요?   ◯ ◯ ◯ で す か 。

② 어서 오세요.   い ら っ ◯ ◯ ◯ 。

❹ 한자를 쓰는 순서가 바르게 된 것을 고르세요.

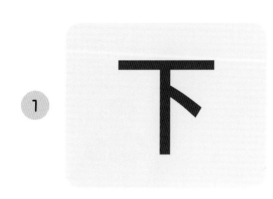

①

a 一　ˋ　下

b 丨　丅　下

c 一　丅　下

d 丨　卜　下

②

a 丨　冂　冃　円

b 丨　冂　冂　円

c フ　冂　冂　円

d 丨　冂　卜　円

⑤ 그림을 보고 얼마인지 히라가나로 쓰세요.

いくらですか。

1  _____円

2  _____円

3  _____円

① 다음 대화를 읽고 일본어로 바꾸세요.

a 何が _____。

b ピザが _____です。

c 何が _____。

d コーラが _____です。

② 알맞게 짝 지워진 것을 모두 고르세요.

a 달다 ----- にがい		b 싱겁다 ----- うすい	
c 짜다 ----- すっぱい		d 맵다 ----- からい	
e 떫다 ----- しぶい		f 쓰다 ----- あまい	

❸ 리카가 먹고 싶은 것은 무엇일까요? ○ 하세요.

❹ 그림을 보고 알맞은 동사에 연결하세요.

❺ 길을 따라 가보세요. 그림을 보고 알맞은 동사를 따라가면 길이 나옵니다.

Unit 7 <ruby>何<rt>なに</rt></ruby>を している の?

1 알맞은 말을 넣어 문장을 완성하세요.

<ruby>何<rt>なに</rt></ruby>を して いますか。

そうじ　　おふろ

ごはん　　べんきょう

1 いま ＿＿＿＿＿を
　　して います。

2 いま ＿＿＿＿＿を
　　して います。

3 いま ＿＿＿＿＿を
　　<ruby>食<rt>た</rt></ruby>べて います。

4 いま ＿＿＿＿＿に
　　はいって います。

❷ 알맞은 동사를 찾아 연결하고 써 보세요.

1. テレビを　●　　　　　● たべる

2. かおを　●　　　　　● のむ

3. おんがくを　●　　　　　● みる

4. はを　●　　　　　● きく

5. そうじを　●　　　　　● あらう

6. ごはんを　●　　　　　● みがく

7. みずを　●　　　　　● する

❸ 한자카드와 그림을 보고 알맞은 것끼리 연결하세요.

❹ 색칠하고, 한자를 써 보세요.

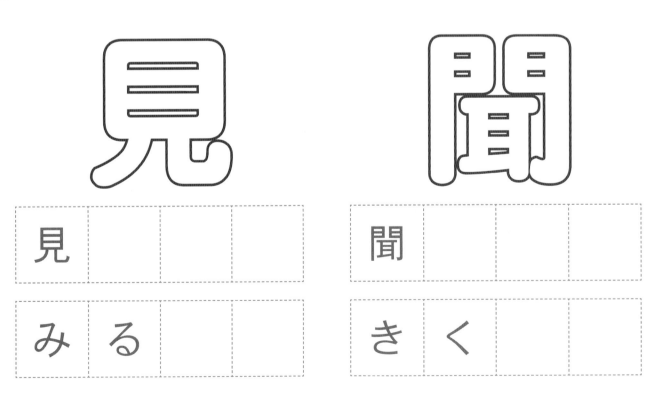

❺ 다음 그림을 보고 맞으면 ○ 틀리면 ✕ 하세요.

① かおを あらっています。

② テレビを 見ています。

③ ねています。

④ ごはんを 食べています。

❻ 다음 문장을 읽고 알맞은 것끼리 선으로 이으세요.

1. 무엇을 하고 있어요? •

• はを みがいています。

2. 음악을 듣고 있어요. •

• おんがくを 聞いています。

3. 이를 닦고 있어요. •

• なにを し# していますか。

1 빈칸을 채워 문장을 완성하세요.

ⓐ 大_{おお}きい　　ⓑ ひくい　　ⓒ おそい

ⓓ はやい　　ⓔ たかい　　ⓕ 小_{ちい}さい

1

Ⓐ 私_{わたし}は せが ＿＿＿＿＿＿です。

Ⓑ 私_{わたし}は せが ＿＿＿＿＿＿です。

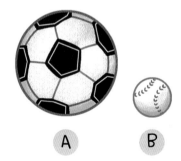

2

Ⓐ サッカーボールは ＿＿＿＿＿＿です。

Ⓑ テニスボールは ＿＿＿＿＿＿です。

3

Ⓐ 私_{わたし}は あしが ＿＿＿＿＿＿です。

Ⓑ 私_{わたし}は あしが ＿＿＿＿＿＿です。

❷ 예와 같이 부정형으로 말해 보세요.

예

せが たかいです。

せが たかくないです。

1

^{おお}
大きいです。

_____です。

2

あしが はやいです。

あしが _____です。

3

かるいです。

_____です。

③ 그림을 보고 반대말을 찾아 선으로 이으세요.

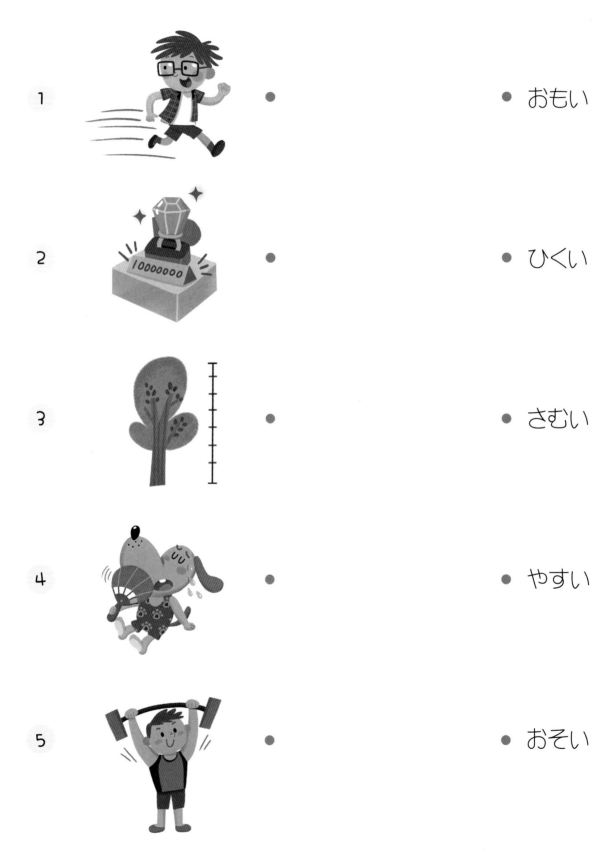

1 • • おもい

2 • • ひくい

3 • • さむい

4 • • やすい

5 • • おそい

④ O부분만 색칠하세요. 뭐가 나올까요?

△	X	△	X	△	X	△
X	△	X	O	X	△	X
△	O	O	O	O	O	△
X	△	X	O	X	△	X
△	X	O	X	O	X	△
X	O	X	△	X	O	X
△	X	△	X	△	X	△

 답: _____

⑤ 다음 한자를 색칠하고, 어떻게 읽는지 빈칸에 쓰세요.

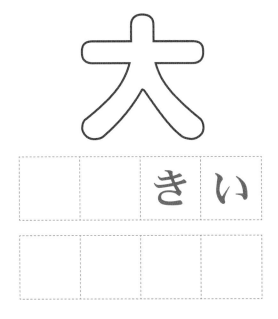

き い

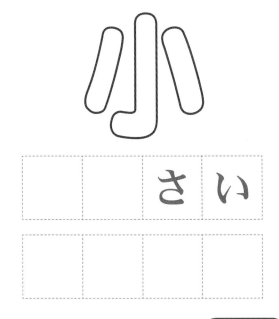

さ い

키가 커 33

1 일본어로 말해 보세요.

① 여보세요.

② 여보세요.

1

2

③ 다케시군 있어요?

3

いいえ、いません。

④ 안녕히 계세요.

さようなら。

4

❷ 사다리를 타고 내려가서 그림에 어울리는 문장을 만드세요.

 하나
 겐지
 리카
 다케시

1　Ⓐ　はなは いえに いますか。

　　Ⓑ　はい、いえに ＿＿＿＿＿＿＿。

2　Ⓐ　けんじは いえに いますか。

　　Ⓑ　いいえ、＿＿＿＿＿＿＿。

3　Ⓐ　りかは いえに いますか。

　　Ⓑ　いいえ、いえに ＿＿＿＿＿＿＿。

4　Ⓐ　たけしは いえに いますか。

　　Ⓑ　はい、いえに ＿＿＿＿＿＿＿。

❸ 숨은 한자를 찾아 찾아 색칠해 보세요. 어떤 한자일까요?

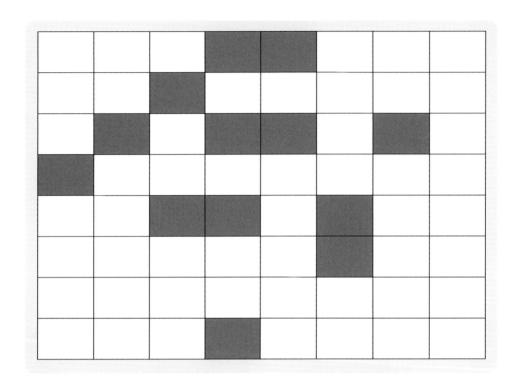

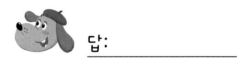

답: _____

❹ 다음 한자의 짝을 찾아 바르게 쓰세요.

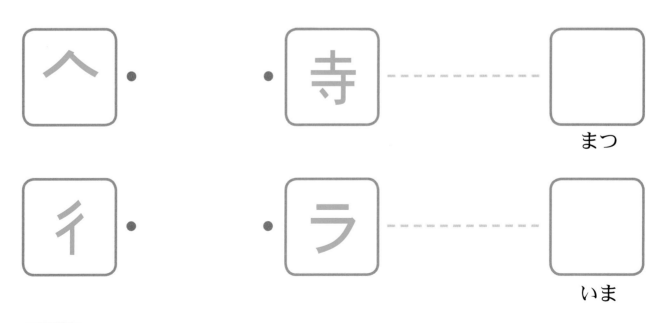

5 다음 문장을 읽고, 어디에 있는지 아래 표에 체크하세요.

① A はなは いえに いますか。
　B はい、いえに います。

② A たけしは いえに いますか。
　B いいえ、たけしは 学校に います。

③ A りかは 学校に いますか。
　B いいえ、りかは こうえんに います。

④ A けんじは こうえんに いますか。
　B はい、けんじは こうえんに います。

하나			
다케시			
리카			
겐지			

❶ 힌트를 이용하여 그림 아래에 해당하는 날씨를 쓰세요.

힌트

くもり　　あめ
はれ　　　ゆき
たいふう

① _____
② 2
③ 3
④ 4
⑤ 5

❷ 오늘 날씨는 어떤가요? 빈칸에 들어갈 말을 써 넣으세요.

Ⓐ 오늘 날씨는 어때요?
今日の 天気は _____。
きょう　　てんき

Ⓑ 오늘 날씨는 맑아요.
今日の 天気は _____。
きょう　　てんき

❸ 다음 지도를 보고 빈칸에 들어갈 말을 써 넣으세요.

① 서울
Ⓐ 今日の 天気は どうですか。
Ⓑ 今日の 天気は [   ] です。

② 부산
Ⓐ 今日の 天気は どうですか。
Ⓑ 今日の 天気は [   ] です。

③ 제주도
Ⓐ 今日の 天気は どうですか。
Ⓑ 今日の 天気は [   ] です。

❹ 다음 그림에 あめ는 노란색, はれ는 빨간색으로 칠해보세요. 무엇이 보이나요?

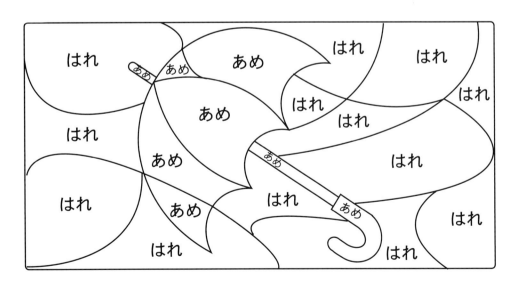

 답: _____

❺ 다음 잘못된 한자를 바르게 고쳐 쓰세요.

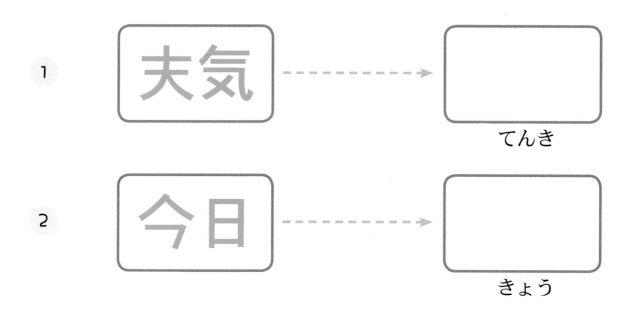

1 夫気 - - - ▶ [　　　]
てんき

2 今日 - - - ▶ [　　　]
きょう

❻ 쓰는 순서가 바른 것을 고르세요.

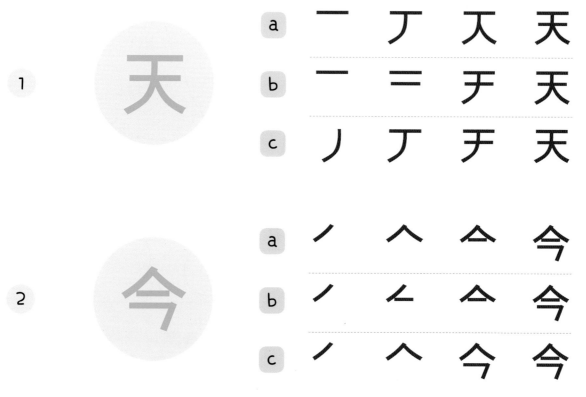

1 天

a 一 丁 天 天

b 一 二 天 天

c ノ 丁 天 天

2 今

a ノ 人 今 今

b ノ 人 今 今

c ノ 人 今 今

7 다음 문장을 읽고 각 지역의 날씨를 그려 주세요.

Ⓐ とうきょうの 天気は どうですか。

Ⓑ とうきょうの 天気は はれです。

Ⓐ ふくおかの 天気は どうですか。

Ⓑ ふくおかの 天気は あめです。

Ⓐ おおさかの 天気も あめですか。

Ⓑ いいえ、おおさかは くもりです。

Ⓐ さっぽろの 天気は どうですか。

Ⓑ さっぽろの 天気は ゆきです。

삿뽀로

오사카

도쿄

후쿠오카

❶ どこに 行くの？　p.2

① 1 学校(がっこう)

　2 こうえん

　3 びょういん

②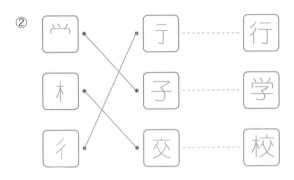

③ 1 私(は) 学校に 行きます。

　2 どこ(に) 行きます(か)。

　3 びょういん(に) 行きます。

④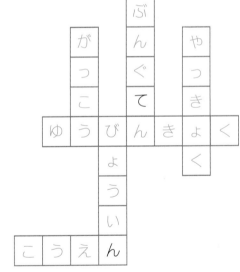

⑤ 1 学校

　2 レストランに 行きます。

　3 ゆうびんきょくに 行きます。

　4 スーパーに 行きます。

❷ 何月 何日？　p.6

①
1月

일	월	화	수	목	금	토
						1
2	3	4	5	6	7	8
9	10	11	12	13	14	15
16	17	18	19	20	21	22
23	24	25	26	27	28	29
30	31					

②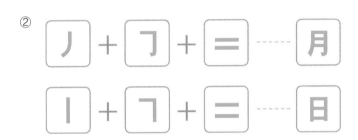

③ 1 じゅうにがつ にじゅうごにち

　2 はちがつ じゅうごにち

　3 ごがつ ようか

　4 ごがつ いつか

　5 さんがつ ついたち

④ 1 − a

　2 − b

　3 − a

　4 − b

⑤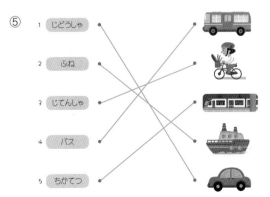

정답

⑥ 7월

일	월	화	수	목	금	토
					1	2	3
4	5	6	7	8	9	10
11	12	13	14	15	16	17
18	19	⑳	21	22	23	24
25	26	27	28	29	30	31

4월

일	월	화	수	목	금	토
			1	2	3	4
5	⑥	7	8	9	10	11
12	13	14	15	16	17	18
19	20	21	22	23	24	25
26	27	28	29	30		

10월

일	월	화	수	목	금	토
	1	2	3	4	5	6
7	8	9	⑩	11	12	13
14	15	16	17	18	19	20
21	22	23	24	25	26	27
28	29	30	31			

❸ 何時？   p.10

① 1 にじ

2 じゅうじ さんじゅっぷん

3 くじ

4 しちじ じゅっぷん

② 1    2

3    4

④ 1 − b

2 − b

3 − b

4 − a

5 − a

⑤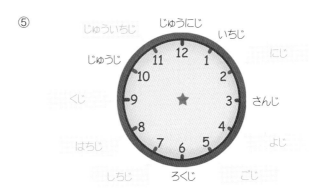

⑥ ろくじ

じゅうじ

❹ 仕事は 何？   p.14

① 1 けいさつかん

2 コック

3 いしゃ

② 1 コック

2 がか

3 いしゃ

4 けいさつかん

③

④

아픈 사람을 고쳐요. — せんせい

그림을 그려요. — かんごし

학교에서 아이들을 가르쳐요. — がか

환자를 돌봐줘요. — いしゃ

⑤ 1 いしゃ

2 がか

3 コック

⑤ かいもの
p.18

① (1)

ⓐ ⓑ ⓒ ⓓ

(2) 200(にひゃく) 円

② 1 b 2 a

3 c 4 d

③ い く ら で す か 。

い ら っ し ゃ い 。

④ 1 c

2 b

⑤ 1 さんびゃく

2 ごひゃく

3 ろっぴゃく

① A － たべたいですか。

B － たべたい

A － のみたいですか。

B － のみたい

② b, d, e

③

④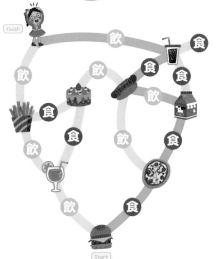

食べる

飲む

⑤

❼ 何を しているの?　p.26

① 1 べんきょう　　2 そうじ

　 3 ごはん　　　　4 おふろ

②

① テレビを	たべる	ごはんを たべる
② かおを	のむ	みずを のむ
③ おんがくを	みる	テレビを みる
④ はを	きく	おんがくを きく
⑤ そうじを	あらう	かおを あらう
⑥ ごはんを	みがく	はを みがく
⑦ みずを	する	そうじを する

③

⑤ 1 － X

　 2 － O

　 3 － O

　 4 － X

⑥

1. 무엇을 하고 있어요? — はを みがいています。

2. 음악을 듣고 있어요. — おんがくを 聞いています。

3. 이를 닦고 있어요. — なにを していますか。

❽ せが たかい　p.30

① 1 A ⓔ　　B ⓑ

　 2 A ⓐ　　B ⓕ

　 3 A ⓒ　　B ⓓ

② 1 おおきくない

　 2 はやくない

　 3 かるくない

③

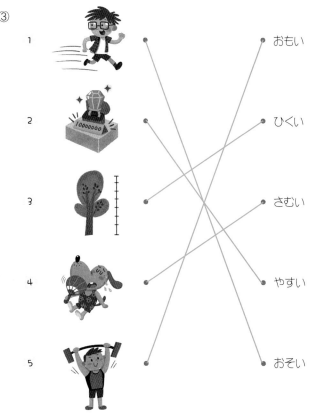

1 — おそい

2 — やすい

3 — ひくい

4 — おもい

5 — さむい

④ 답 : 大

△	X	△	X	△	X	△
X	△	X	O	X	△	X
△	O	O	O	O	O	△
X	△	X	O	X	△	X
△	X	O	X	O	X	△
X	O	X	△	X	O	X
△	X	△	X	△	X	△

⑤ おお(きい)　　　ちい(さい)

① 1 もしもし。

2 もしもし。

3 たけしくん いますか。

4 さようなら。

② 1 います

2 いません

3 いません

4 います

③ 답 : 今(いま)

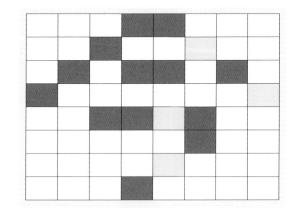

④

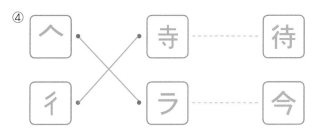

⑤

① 1 はれ

2 ゆき

3 あめ

4 くもり

5 たいふう

② A － どうですか。

B － はれです。

③ 1 はれ

2 くもり

3 あめ

④ 답 : 우산

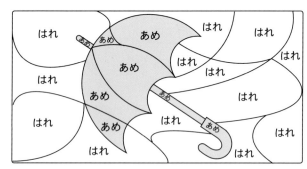

⑤ 1 天気

2 今日

⑥ 1 － b

2 － a

⑦

개정 1쇄   2020년 6월 20일
기획편집부 지음
발행인   이기선
발행처   제이플러스
            서울시 마포구 월드컵로 31길 62
전화   영업부 02-332-8320 편집부 070-4734-6248
팩스   02-332-8321
홈페이지   www.jplus114.com
등록번호   제10-1680호
등록일자   1988년 12월 9일
ISBN   979-11-5601-130-9(63730)

값 7,000원

Memo